Les délégués de classe

Merci aux élèves Alexia, Ayoub, Chantal, Christanvi, Daniella, David, Djabir, Esteban, Eva, Evane, Ilan, Julie, Kyllian, Makram, Marlon, Mohamed-Ali, Morad, Omar, Rébecca, Ryan, Samira, Shaïma, Souhayla et Sudénaz pour leur aide.
M.

www.flammarion-jeunesse.fr

Éditions Flammarion – 87, quai Panhard-et-Levassor – 75647 Paris Cedex 13
ISBN : 9782081485648 – N° d'édition : L.01EJEN001640.N001
Dépôt légal : août 2019
Imprimé en Espagne par Liberdúplex – juillet 2019
Loi n° 49-956 du 16 juillet 1949 sur les publications destinées à la jeunesse

Les délégués de classe

Texte de
Magdalena

Illustrations
d'**Emmanuel Ristord**

CASTOR POCHE

Lukas
Kanoa
Elias
Jimmy
Maxence
Timéo
Sport
Kimiko
Nabila
Basil
Marie
Suzy
Anaé
Lucie
Malo
Johanna
Noémie
9
Notre classe de CE2

Après l'histoire, tu trouveras des jeux et des activités page 50 !
713705
C On Off
7 8 9
5 6

Basil et Elias sont dans le hall de l'école.
Ils tournent autour de petites cabines.
« C'est quoi ces trucs ? demande Elias.
– J'sais pas. Sûrement quelque chose
pour se cacher des filles,
répond Basil en tirant le rideau.
– N'importe quoi, c'est des isoloirs,
dit Maxence qui les a rejoints.
– Et comment tu sais ça, toi ?
demande Elias, épaté.
– Ben, à cause des élections d'hier !
dit Maxence. Tu sais, mon père est maire,
et il tenait le bureau de vote.
Même que je suis venu avec lui,
et que j'ai mangé mon sandwich
dans la salle des maîtres. »

Elias et Basil restent sans voix.

Madame Chabon, la directrice,
les surprend et s'écrie :
« Du balai, les garçons, retournez en récréation !
Vous n'avez rien à faire ici, bande de curieux ! »

Dans la cour, Elias, Basil et Maxence reprennent
leur conversation.
« Alors, t'as voté ? demande Elias.
– N'importe quoi, j'ai pas 18 ans, répond Maxence.
– Moi, je veux devenir président pour avoir
une grosse voiture avec un chauffeur, dit Elias.
Il a ça, ton père ?
– Tu parles, on a une vieille voiture
et pas de chauffeur ! répond Maxence.
– Normal, ton père il est maire,
pas président ! » ajoute Basil.

Au retour de la récréation,
les élèves découvrent écrit sur le tableau :
Élection des délégués de classe.

Elias donne un coup de coude à Maxence
et Maxence fait signe à Basil.
La directrice dit :
« Des petits curieux ont vu des isoloirs dans le hall,
n'est-ce pas Basil, Elias et Maxence ?
Certains d'entre vous ont sans doute accompagné
leurs parents qui votaient hier, jour d'élection.
Eh bien, la grande nouvelle c'est que nous allons
nous aussi voter pour élire les délégués de classe.
Le maire nous prête les isoloirs et l'urne. »

La classe murmure :
« Ouah, trop bien ! »

Élection des délégués de

La directrice explique ce qu'est un délégué
et comment se passe une élection.
Elle ajoute :
« Une fois élus, les délégués consultent
leurs camarades de classe et leur demandent
leur avis sur différents sujets comme la cantine,
la récréation... Ils peuvent aussi participer
à l'élaboration des règles de vie de la classe,
de la cour, et de l'école,
et me faire des propositions. »

Tous les CE2 écoutent avec attention.
Madame Chabon termine par :
« Pour demain, vous devrez écrire avec vos mots
un petit texte sur les élections. »

bulletins
urne

Le lendemain, la directrice demande :
« Qui veut nous lire ce qu'il a écrit hier soir ? »
Lucie lève la main et commence :
« Si un élève veut être délégué,
il doit se présenter aux élections.
Les délégués servent à réparer les histoires.
Tous les élèves ont une carte électorale.
– Très bien, qui d'autre ? demande madame Chabon.
– Les délégués servent à résoudre les problèmes
entre les élèves, lit à son tour Maxence.
Ils sont comme les présidents.
Les délégués sont choisis parce qu'ils le méritent.
On vote en pensant à celui qui n'aura pas peur
de parler aux professeurs pour nous défendre.
Le droit des élèves c'est la liberté, l'égalité,
la fraternité pour tous.
– Il s'y connaît, dit Noémie, admirative.
– Tu parles, facile pour lui, son père est maire,
il l'a aidé à écrire, dit Basil.
– Chers électeurs, maintenant, il nous faut
des candidats, conclut la directrice.
Je vous laisse y réfléchir. »

Toute la journée, les CE2 de madame Chabon ne parlent que de l'élection : pendant la classe, pendant les récrés, et même à la cantine !
Le soir, avant que la cloche sonne, la directrice demande :
« Alors, vous avez réfléchi ?
Il y aura deux délégués élus, un garçon et une fille.
Qui veut être candidat ? »
Nabila, Johanna et Anaé lèvent la main.
Mais aucun garçon.
« Eh bien, les filles, je crois que vous allez devoir les convaincre, car rappelez-vous, jeudi, il me faut aussi un garçon ! » dit la directrice.

Toutes les filles se retournent vers Basil, qui a plongé le nez dans son cartable.
Timéo murmure à Malo :
« C'est le début des ennuis, d'être délégué.
Moi, je veux pas d'embrouilles. »
Et Malo ajoute :
« Si ça donne du travail en plus, pas question ! »

Le mercredi après-midi, toutes les filles sont réunies dans la chambre de Marie.
« Tu es trop timide, Anaé »,
dit Marie le plus gentiment possible.
Anaé en convient :
« Tu as raison. J'ai bien envie,
mais rien que de penser qu'il va falloir
prendre la parole devant tout le monde,
ça me fait mal au ventre. »

Après de longues discussions,
les filles se mettent d'accord :
Nabila et Johanna se présenteront.
Suzy les aidera pour la tenue
et Marie pour les discours.
« Il nous reste un problème,
aucun garçon n'est volontaire,
dit Nabila. Mais on en a un qui conviendrait bien…
– Je vois de qui tu veux parler », ajoute Johanna.

Les filles se regardent d'un air entendu.

Le petit groupe débarque chez Basil,
qui habite sur le même palier.
Mais comme les filles parlent toutes
en même temps, Basil ne comprend rien.
Kimiko, qui n'a encore rien dit,
prend les choses en main.
« Bon, je t'explique, tu es nouveau,
tu n'as pas d'ennemis, tout le monde t'aime bien,
tu n'es pas timide, tu feras un super délégué.
C'est simple, non ? »
Basil ouvre des yeux ronds.
Nabila poursuit :
« Et puis, on sera ensemble ! »
Marie fait la grimace.
« Il sera avec toi ou avec moi ! dit Johanna.
Tu n'es pas encore élue ! »

Lorsque toutes ses copines sont parties,
Marie reste un peu chez Basil.
« Tu penses quoi, si je me présente
comme délégué ? demande Basil.
– Pourquoi pas, répond Marie.
Les autres t'aiment bien.
– Et toi, tu veux pas te présenter pour les filles ?
– Johanna fera ça très bien.
– Nabila aussi, non ? dit Basil.
– Mouais, répond Marie, un peu jalouse.
J'sais pas, peut-être, peut-être pas,
elle parle trop vite.
– Je trouve pas », ajoute Basil.

Marie essaie de cacher qu'elle est énervée,
et ils finissent leurs devoirs en silence.

Le lendemain, à la récréation du matin,
Marie tente de convaincre Nabila
de ne pas se présenter.
Si Basil et Nabila sont tous les deux élus,
Marie a peur que Nabila prenne sa place
et devienne la meilleure amie de Basil.
Marie et Nabila finissent par se disputer.
« Mais de quoi tu te mêles d'abord,
je fais ce que je veux, dit Nabila.
C'est pas parce que tu préfères Johanna à moi
que je dois laisser ma place. Pas question ! »

En classe, la directrice demande aux CE2 :
« Vous avez eu le temps de réfléchir, alors qui est volontaire ? »
Johanna et Nabila lèvent la main.
« Et chez les garçons ? » interroge madame Chabon.
Basil lève la main.
« Personne d'autre ? »
Dans le silence de la classe, on entend soudain :
« Moi, dit Lukas, qui a décidé de se présenter pour rigoler.
– Personne ne s'y attendait, on dirait, ajoute la directrice en voyant l'air étonné des autres élèves. Demain, vous ferez votre discours devant vos camarades, et ensuite, ce sera l'heure de voter.
Mais pour le moment, nous allons préparer vos cartes d'électeurs. »

De sa belle écriture, Kimiko fait le modèle au tableau. Les autres copient sur leur carte.

Maintenant que les volontaires sont connus,
Marie les aide à préparer leur discours.
Johanna et Basil répètent devant Kimiko et Anaé.
Anaé applaudit.
« C'est trop bien, qui a écrit ça ? demande-t-elle.
– C'est moi », dit Marie, toute fière.

Lukas fait un faux discours en mimant
un boxeur qui chante :
« Excusez-moi de pas être délégué,
mais je préfère la télé ;
fichez-moi la paix avec les affaires de la classe,
moi je préfère quand ça tabasse. »

Les autres éclatent de rire.
« Trop fort, dit Basil, tu devrais faire acteur ! »

Le grand jour est arrivé.
La directrice prend un ton solennel et annonce :
« Aujourd'hui, vous allez voter pour la première fois.
Et à partir de vos 18 ans, à chaque élection,
il faudra aller voter, c'est très important !
Mais avant toute chose, chaque candidat va monter
sur l'estrade pour dire ou lire sa déclaration
devant la classe. »

Nabila commence, elle récite sans avoir de papier.
« Je suis Nabila, je me présente, je vous promets
de bien m'occuper de vous, et de euh…,
et de euh… »
Intimidée, elle a oublié le reste de son discours.

Quand vient son tour, Johanna préfère
lire sa feuille.
« Vous me connaissez, je suis Johanna.
Je veux devenir déléguée pour vous aider
et, avec vous tous, améliorer notre vie à l'école. »

Malo n'écoute pas les discours des filles.
Il essaie de persuader Basil de mettre un maillot de foot.
« Mets ce maillot, ça te portera chance », dit-il.
Basil refuse.
Alors Malo enfile le maillot de foot par-dessus celui qu'il porte déjà en disant :
« Je vais le mettre pour toi. »

La directrice appelle :
« À ton tour, Basil, de te présenter devant tes camarades. »
Très à l'aise, Basil récite son texte.
Et pour finir, Lukas fait son numéro.

« Maintenant que vous avez entendu les candidats, vous allez voter », dit la directrice pour conclure.

La classe suit la directrice dans le hall de l'école. Il y a deux tables : une avec une urne transparente, et l'autre avec quatre piles de bulletins de vote au nom des quatre candidats.
Madame Chabon explique :
« Vous allez tous prendre un bulletin dans chaque pile, mais une seule enveloppe. Puis, vous irez dans un isoloir et glisserez dans l'enveloppe deux bulletins : ceux de la candidate fille et du candidat garçon que vous préférez. Vous reviendrez ensuite me voir pour mettre votre enveloppe dans l'urne et signer le registre. »

Anaé commence : elle présente sa carte d'électeur, prend une enveloppe et les bulletins, puis rentre dans l'isoloir.
Quand son enveloppe tombe dans l'urne, la directrice crie :
« A voté ! »
Anaé, surprise, sursaute et crie aussi.

Quand tous les CE2 ont voté, la directrice annonce :
« Voici venu le moment du dépouillement,
cela signifie qu'on va ouvrir les enveloppes
et compter les voix. La fille et le garçon
qui auront le plus grand nombre de voix seront élus. »

Basil et Lukas sont bras dessus bras dessous.
Nabila est snobée par Marie et Johanna
qui sont collées comme des chats siamois.
Ils regardent tous Lucie, Kimiko, Elias
et Jimmy qui sont chargés du dépouillement.
Lucie et Elias vident l'urne, ouvrent les enveloppes,
et en sortent les bulletins. Ils comptent
et recomptent pour vérifier qu'il n'y a pas d'erreur.
Puis Lucie annonce :
« Il y a 32 bulletins ! »

Pour la dernière étape des élections,
Kimiko écrit sur une feuille le nom des candidats.
Jimmy lit le nom inscrit sur chaque bulletin
et Kimiko fait un trait devant le nom cité.
Dans le hall, de grands silences
et de grands cris alternent.
La directrice donne le résultat final :
« Sont élus… »
Elle fait durer le suspens,
toute la classe est suspendue à ses lèvres.
« Basil avec 14 voix sur 16 voix,
Johanna avec 10 voix sur 16 voix. »

Nabila fond en larmes.
Marie, qui a des remords,
s'empresse de la consoler.
Johanna lui dit pour la réconforter :
« Tu pourras m'aider, si tu veux. »

La directrice termine cette journée particulière avec des recommandations :
« Basil et Johanna, je compte sur vous pour bien représenter vos camarades et tenir sérieusement votre rôle de délégué. »

Le soir venu, dans sa chambre, Johanna entend encore dans sa tête le discours de la directrice.
Elle choisit un carnet pour tout noter.
Elle le gardera sur elle en permanence.

Pendant ce temps, chez elle, Nabila s'applique à décorer une boîte où chacun pourra déposer des idées ou des questions.
Elle en fera cadeau à Johanna.

Chez lui, Basil cherche des idées de sortie à proposer à la classe. Marie le rejoint.

« Le zoo ? suggère Basil.

– Non, c'est trop école maternelle, dit Marie. Et puis les animaux sont enfermés, je déteste. Je préfère le musée.

– Pitié ! s'écrie Basil. C'est trop tranquille… Le parc d'attractions plutôt ?

– Oui, mais c'est cher », répond Marie.

À court d'inspiration, Basil conclut :

« Bon, je vais en parler avec Johanna et on demandera aux autres de compléter.

– Bonne idée ! » dit Marie.

Quinze jours après les élections,
la directrice reçoit les délégués dans son bureau.
Elle leur dit :
« Alors, je vous écoute. »
Basil commence :
« On voudrait des ballons pour jouer au foot
pendant la récré.
– Et on aimerait faire une sortie
au parc accrobranche, ajoute Johanna.
– Et aussi, il y a un problème, dit Basil.
Joris, un CM1, embête Anaé pendant les récrés.
– Très bien, je vais parler à Joris. Pour les ballons,
je vais en discuter avec les autres enseignants.
La sortie, c'est une bonne idée, mais il faudrait
réunir l'argent pour payer l'entrée et le bus.
Est-ce que vous y avez déjà réfléchi ?
– Oui, dit Johanna, Nabila propose qu'on fasse
des gâteaux chez nous et qu'on les vende
à l'heure du goûter.
– Excellente solution », approuve la directrice.

Chez elle, Nabila a fait des gâteaux
avec ses petites sœurs et sa mère.
Elias l'aide à les porter jusqu'à l'école.
« Tu crois que je vais pouvoir en goûter un ?
demande-t-il.
– Tu as un euro ? » répond Nabila.
Elias écarquille les yeux, étonné.
« Je blague, le porteur a le droit à un gâteau »,
le rassure Nabila en riant.

À la fin de la vente, Nabila compte fièrement l'argent
avec Johanna.
« On a gagné 20 euros aujourd'hui. »
Johanna sort son carnet et dit :
« Jeudi, c'est Marie et Basil
qui doivent faire des gâteaux.
– La barbe, je préfère jouer au foot, dit Basil.
– Si tu veux, je te remplace, propose Nabila.
– Non, je suis délégué, j'assure ! »
dit Basil en faisant un clin d'œil à Marie.

À la fin du mois,
les délégués annoncent à la classe :
« Nous avons assez d’argent pour payer les entrées
et, grande nouvelle, le maire nous offre le trajet
en bus ! »
Tout le monde applaudit !
Kanoa propose aux autres de faire
un entraînement sportif de préparation
à l’accrobranche.
« Moi, je sais grimper sur un tronc de cocotier,
n’oubliez pas que je suis né à Tahiti !
– On n’aura pas des échelles de corde ?
demande Anaé, tout à coup inquiète.
– Mais si, je blague », dit Kanoa.

Et Lukas mime le singe joyeux en sautant partout.
Basil dit en riant :
« C’est pas acteur que tu dois faire, mais singe ! »

Je joue pour bien comprendre

Vrai ou faux ? Trouve les phrases qui correspondent à l'histoire et **modifie** celles qui sont fausses.

1. Les CE2 auront deux délégués : deux filles.

2. Anaé se trouve trop timide pour être déléguée.

3. Malo a décidé de se présenter pour rigoler.

4. Pour voter, les CE2 préparent leur carte d'identité.

5. Les candidats écrivent une chanson pour leurs camarades.

6. En France, on a le droit de voter à partir de 16 ans.

7. Chacun rentre dans l'isoloir pour glisser ses 2 bulletins dans une enveloppe.

8. Les élèves mettent leur enveloppe dans une boîte à idées.

9. Basil et Johanna sont éliminés.

10. Les CE2 vendent des gâteaux pour payer les entrées au parc accrobranche.

Réponse : 1. faux : deux filles = un garçon et une fille ; 2. vrai ; 3. faux : Malo = Lukas ; 4. faux : carte d'identité = carte d'électeur ; 5. faux : une chanson = un discours ; 6. faux : 16 ans = 18 ans ; 7. vrai ; 8. faux : boîte à idées = urne ; 9. faux : éliminés = élus ; 10. vrai.

Je joue avec Marie et Basil

1 Et toi, imagine…

Avez-vous déjà organisé des élections dans ton école ou dans ta classe ? Les candidats ont-ils préparé des discours ou des affiches pour convaincre leurs camarades de voter pour eux ? Que font les délégués pour les autres élèves ?

Penses-tu qu'il soit important d'élire des délégués ? et de voter quand on est adulte ? As-tu déjà accompagné tes parents au bureau de vote ?…

2 **Choisis** la bonne réponse.

1. Le président de la France est élu pour :

a. 5 mois

b. 5 ans

c. 15 ans

2. Le maire représente les habitants :

a. d'une commune

b. d'un pays

c. d'une région

3. Le président de la République française est élu par :

a. les citoyens du monde

b. les citoyens européens

c. les citoyens français

4. Les gens qui votent sont :

a. des élus

b. des électrons

c. des électeurs

Réponse : 1-b ; 2-a ; 3-c ; 4-c.

Je suis en CE2

Retrouve Basil, Marie et tous leurs copains du CE2 dans les autres histoires de **Je suis en CE2**.

Les nouveaux copains

Les délégués de classe

Une semaine au château

Ensemble, on est plus forts !

L'arbre à familles

Amour ou amitié ?

Le nouveau look de Suzy

Le match de foot

Une journée au vert

Quelles histoires as-tu déjà lues ?
Quelle est ta préférée ?
Lesquelles aimerais-tu lire ?

Découvre aussi

Les maths du CE2
3 titres parus

100 jeux pour
les vacances

Le journal
de Marie

Si tu veux contacter l'auteure, tu peux aller sur son blog : **www.magdalena-auteur.com**